AF383800

AFFAIRE

DU COMITÉ ÉLECTORAL

DITE DES TREIZE.

AFFAIRE
DU COMITÉ ÉLECTORAL
DITE DES TREIZE

RÉQUISITOIRE ET RÉPLIQUE

DE

M. LE PROCUREUR GÉNÉRAL DE MARNAS

ET

ARRÊT DE LA COUR.

PARIS

E. DONNAUD, IMPRIMEUR DE LA COUR IMPÉRIALE

9, RUE CASSETTE, 9.

—

1864

COUR IMPÉRIALE DE PARIS

(CHAMBRE CORRECTIONNELLE)

PRÉSIDENCE DE M. HATON DE LA GOUPILLIÈRE

AUDIENCES DES 1, 2, 3 ET 6 DÉCEMBRE 1864.

RÉQUISITOIRE.

Les faits à l'occasion desquels nous venons, n'en déplaise à M⁰ Berryer, vous demander seulement un arrêt, sont d'une extrême simplicité, et les questions de droit qu'ils soulèvent, malgré les immenses efforts tentés hier et renouvelés tout à l'heure, n'ont pas une complication plus grande.

Il y a quinze à dix-huit mois, au moment où l'expiration des pouvoirs de la dernière législature rendait des élections générales nécessaires, des hommes appartenant à l'opinion démocratique avancée s'interrogèrent sur l'attitude à prendre dans le mouvement électoral et sur le moyen d'ouvrir l'enceinte législative à un plus grand nombre

de représentants de leurs idées. Après beaucoup
de tâtonnements et d'essais avortés, on s'arrêta à
la pensée de constituer un comité. Ce comité prit
la dénomination inoffensive de *comité consultatif
électoral*, se mit en rapport avec les comités existant en province, proposa, discuta les candidatures, et, par ses actes, par ses circulaires, par la
notoriété de quelques-uns de ses membres, exerça
sur les élections une influence qu'il ne faut ni
exagérer ni méconnaître. C'était là un fait, non
sans précédents, mais considérable, qui devait
éveiller et éveilla en effet la sollicitude du ministère public.

Si, dans notre France si tourmentée, ces comités devaient se multiplier, si chaque parti,
chaque nuance politique voulait avoir le sien, la
paix publique serait exposée à bien des atteintes,
et le suffrage universel, dont les appelants ont
voulu se constituer ici les défenseurs privilégiés,
arriverait à une inexprimable confusion. Les violences de la lutte de 1863 furent sur ce point de
tristes enseignements, et les hommes politiques,
qui avaient assisté jusque-là sans préoccupation
au fonctionnement du suffrage universel, durent
observer cette situation nouvelle. Était-il possible

de livrer plus longtemps une grande cité aux agitations qu'entraînaient des réunions chaque jour plus nombreuses et le pays tout entier à la propagande d'un comité qui, à côté de la grande et régulière administration, créait je ne sais quelle administration rivale et hostile? La loi était-elle impuissante devant de telles manœuvres? Nous l'avons demandé à la justice. Vous vous êtes déjà prononcés sur la légalité des réunions publiques électorales : les associations de la même nature sont-elles interdites?

Le tribunal l'a pensé, et rien n'est plus simple que l'économie de sa décision. Les appelants ont fait partie d'une association politique de plus de vingt personnes, ils ne justifient d'aucune autorisation ; la loi les condamne. La Cour a entendu les objections et les critiques nombreuses adressées à cette décision si juridique : il faut les analyser rapidement.

On s'est attaqué à la fois à la poursuite et à la loi.

A la poursuite, elle est sans précédents. Le gouvernement de la Restauration vécut à côté de la société *Aide-toi, le ciel t'aidera*, et en respecta l'existence. Celui du Roi Louis-Philippe a proclamé, à sa dernière heure, le droit de réunion, et enfin le gouvernement de 1848, — si toutefois cela peut s'appeler un gouvernement — poussa la longanimité si loin, qu'il laissa toute liberté de créer dans le pays un vaste réseau d'associations dont la propagande énergique ne fut pas étrangère à l'avénement du Souverain qui gouverne aujourd'hui si glorieusement la France.

Contraire à tous les précédents, la poursuite a le tort plus grand de blesser au cœur le suffrage universel.

Quant au droit, nos adversaires sont encore, s'il se peut, plus agressifs.

On nous a dit : Vous confondez les associations et les réunions; vous prouveriez en vain que nous sommes une association, si vous ne démontriez en même temps qu'elle se compose de plus de vingt personnes. Feriez-vous cette preuve, nous formons une association électorale : la loi de 1834 nous protége; enfin, et dans tous les cas, les caractères constitutifs du délit se rencontrassent-ils dans les faits que vous avez si laborieusement groupés, vous ne pouvez demander une décision à la Cour qu'à la condition de lui déférer le nombre de prévenus qu'exigent les lois combinées de 1810 et de 1834.

Voilà, si je ne me trompe, et en les dépouillant de leur vêtement oratoire, les arguments sérieux qui ont été développés devant la Cour. Je laisse de côté les conclusions de M. Floquet, qui demande la nullité de la saisie opérée chez lui, tout en reconnaissant qu'elle l'a été dans les termes de la jurisprudence de la chambre criminelle de la Cour de cassation, des digressions sans fin, et surtout des violences de langage auxquelles on ne m'amènera point à répondre par des violences de langage.

De ces attaques, les unes touchent l'homme politique, les autres surtout le jurisconsulte. Je veux, avant tout, discuter celles-ci.

Le comité électoral est-il une association polilitique ?

Avant d'examiner cette question, je dois répondre à des insinuations regrettables : on a parlé des mobiles de ma conduite, et on les trouve dans je ne sais quel intérêt mystérieux et mal défini. C'est faire au magistrat une cruelle injure. Mes adversaires y ont-ils bien réfléchi ? Me supposer des arrière-pensées, c'est me permettre de scruter les leurs ; et quand je vois si unis M. Berryer, le gouvernement de la Restauration, M. Hébert, celui du roi Louis-Philippe, MM. Arago, Dufaure et

Jules Favre, qui ont représenté les nuances diverses de l'opinion républicaine, me serait-il interdit de rechercher à mon tour le secret très-pénétrable d'une si étrange alliance ?

Croyez-le, Messieurs, désertons un terrain dangereux pour vous, et revenons à la question que je posais tout à l'heure. Le comité électoral est-il une association politique ?

Le texte de l'art. 291 semble exclure la controverse :

« Nulle association de plus de vingt personnes,
» dans le but de se réunir tous les jours, ou à cer-
» tains jours marqués, pour s'occuper d'objets
» religieux, littéraires, politiques ou autres, ne
» pourra se former qu'avec l'agrément du gouver-
» nement, et sans les conditions qu'il plaira à l'au-
» torité publique d'imposer à la Société. »

Cet article est clair et absolu.

On peut se demander, il est vrai, ce qu'il faut entendre par le mot association ; sur ce point, le législateur de 1810 est muet ; mais celui de 1834 a largement suppléé au silence de son prédéces-seur. M. Hervé, M. Martin du Nord, rapporteur de la loi, et M. Barthe, garde des sceaux, ont rendu la définition facile en précisant nettement les traits distincts de la réunion et de l'association.

« Jamais on n'a confondu, a dit M. Hervé, le
» droit de se réunir avec la faculté de s'associer :
» se réunir, c'est vouloir s'éclairer et penser en-
» semble ; s'associer, c'est vouloir se concerter, se
» compter et agir ; la différence est immense, le
» pays et les tribunaux ne sauraient s'y trom-
» per. »

Le rapporteur de la loi, M. Martin du Nord, est
encore plus explicite : « Les réunions et les as-
» sociations ne doivent pas être confondues.....
» Les réunions ont pour cause des événements
» imprévus, instantanés, temporaires ; le motif
» venant à cesser, la réunion cesse avec lui ; les
» associations, au contraire, ont un but déterminé
» et permanent ; un lien unit entre eux les asso-
» ciés. Le plus souvent, une cotisation vient pour-
» voir aux moyens d'exécution ; des conventions
» soit verbales, soit écrites, leur donnent un ca-
» ractère de permanence qui les fait facilement
» discerner..... Jusqu'à présent, personne n'a
» pensé que les réunions eussent été atteintes par
» l'art. 291 ; ne craignez pas qu'elles le soient
» davantage par les lois que nous discutons. »

Et le garde des sceaux ajoute ailleurs : « Nous

faisons une loi contre les asssociatious et non pas contre les réunions accidentelles et temporaires qui auraient pour objet l'exercice d'un droit constitutionnel. »

Ainsi, le caractère essentiel et distinctif de la réunion est, aux yeux du législateur, une existence éphémère, dépourvue de toute pensée de concert et d'avenir. L'association, au contraire, suppose la durée et l'entente entre ses membres.

Cependant, l'honorable M. Grévy soutenait hier que l'association se révélait par un caractère moins simple, qu'elle ne consistait pas seulement en une communauté d'efforts ; une convention obligatoire et un lien entre les associés seraient, suivant lui, indispensables à son existence. Cette doctrine, je pourrais la répudier et facilement établir la justesse de ce principe dont, suivant nos adversaires, le ministère public fait un dogme, à savoir que, dans le langage de la loi répressive, l'association résulte de cette unique condition, l'intelligence entre les associés.

Il y a, en effet, dans le Code pénal, un article que je ne veux pas citer, dans lequel cependant le législateur, définissant l'association, la fait dépendre seulement du concert qui existe entre ses divers membres.

Je pourrai rappeler M. Grévy à ce texte significatif, mais je veux aller plus loin; j'accepte les conditions qu'il fait inhérentes à tout délit d'association. Je veux même y en ajouter d'autres. Ce n'est plus le législateur que je consulte, mais l'un de nos éminents adversaires : je vous suis sur le terrain où vous vous êtes vous-mêmes placé et c'est chez vous que je veux porter la guerre.

M. Jules Favre, en première instance, définissait l'association :

« L'association a le caractère d'un être organisé, elle a le caractère de permanence, elle a le caractère de collectivité, de force commune, d'ensemble de moyens qui ne se limitent pas à tel ou tel fait isolé : elle offre au contraire, dans son action, un ensemble de faits, d'efforts, de buts qui sont poursuivis avec une égale activé par tous les associés. »

Je pense que M. Jules Favre est d'accord avec ses amis, et la défense ne saurait le contredire : l'association se reconnaît à un quadruple caractère :

L'organisation qui implique le lien entre les associés;

La permanence ou la durée;

La collectivité des efforts ;

L'identité du but.

Recherchons si ces diverses conditions se rencontrent dans les faits signalés à votre justice.

Le comité consultatif électoral était-il organisé, ou, formé par le hasard, a-t-il été dissous par le hasard?

On ne peut répondre sûrement à cette question qu'en retraçant, Messieurs, les circonstances auxquelles en commençant j'ai fait allusion; et, pour savoir ce qu'a été le comité consultatif, il y a une chose bien simple à faire : interroger ses fondateurs sur ce qu'il devait être.

La Cour s'en souvient, dans les premiers jours de 1863, une grande activité se manifesta au sein du parti démocratique avancé. Les uns voulaient s'abstenir, les autres se précipiter au scrutin. Parmi ces derniers, les tendances n'étaient pas même uniformes; les uns s'arrêtaient au régime de 1848, les autres accusant ce régime de modération, voulaient aller au delà. On se querellait sur les hommes, sur le degré de confiance qu'ils pouvaient offrir aux partisans d'une liberté sans limite. Ce n'était pas trop d'un centre d'action pour amener quelque discipline parmi ces ardents volontaires. On songea à en former un, et le 3 mai, vingt-cinq membres d'une affiliation directrice furent nommés dans un scrutin ouvert chez M. Carnot.

Quelle était la mission de ce comité ? quelle fut plus tard celle du comité des Quinze, qui, pour des raisons de parti ou plutôt pour des misères de parti, ne lui succéda pas, mais fut, suivant l'expression de M. Marie, *dictatorialement* mis à sa place. MM. Garnier-Pagès et Dréo, dans de nombreuses lettres, nous l'ont dit. Permettez-moi d'en remettre seulement deux sous vos yeux.

22 mars 1863. — Garnier-Pagès à Dréo :

« Les nombreux renseignements que je reçois me prouvent qu'il y a encore apathie et découragement dans un grand nombre de départements. Il faut donc y envoyer circulaires sur circulaires.

« ..... C'est bien, très-bien de vous occuper de Paris, mais occupez-vous donc aussi des départements ; ranimez donc la vie dans les campagnes ; c'est là ce que devrait surtout faire le secrétaire de nos réunions !

« . . . . »

« En avant! en avant la circulaire aux départements! C'est pressé! très-pressé! Il faut que la circulaire soit rédigée de manière à pouvoir être envoyée par nos correspondants dans les arrondissements ! »

26 mars 1863. — Réponse de Dréo :

« Il ne faut pas que nous soyons seulement un comité pour Paris, mais pour toute la France ; c'est un drapeau, d'une part, que nous arborons, et, de l'autre, un centre d'action et de propulsion pour la lutte sur toute la ligne. »

Ainsi vous le voyez, le comité n'avait pas une action restreinte à la ville dans laquelle il était établi ; ce n'est pas seulement sur les élections de Paris qu'il voulait concentrer ses efforts; sa visée était tout autre et plus grande : c'est le suffrage universel lui-même, et dans tout le pays, qu'il entendait diriger. Ecoutez son langage.

« Paris, le 8 mai 1863.

« Monsieur et cher concitoyen,

» Sans autre droit que notre dévouement à la chose publique, sans autre prétention que le désir d'être utiles, sans autre but que le progrès dans la liberté par la liberté, ne relevant que de notre bonne volonté, nous nous sommes groupés quelques-uns pour former un comité consultatif pour les élections, ainsi que nous l'avons écrit par notre lettre du 28 avril.

» Aux avocats qui ont rédigé le *Manuel électoral* ou qui ont adhéré, MM. Clamageran, Dréo, Durier, Ferry, Floquet, Hérisson, Hérold, se sont joint des anciens représentants et des publicistes : MM. Marie, Carnot, Jules Simon, Corbon, Crémieux, Charton, Henri Martin, Garnier-Pagès.

» Nous comptons sur le concours des journaux de l'opposition.

» Un grand nombre de nos amis viendront nous aider de leurs lumières.

» Les circonstances sont difficiles; l'inexpérience dans la pratique du suffrage universel est grande, la jurisprudence est douteuse, l'intervention de l'autorité mal définie, les abus de pouvoir faciles. Nous venons vous offrir nos services pour vous aider à surmonter les obstacles qui pourraient entraver vos votes.

» Nous n'avons nullement l'intention de peser sur les décisions ou sur le choix des électeurs, nous n'avons donc à désigner aucune candidature.

Inspirés seulement d'un sentiment profond de conciliation indispensable au développement de nos principes, nous nous efforcerons, si nous sommes consultés, de mettre en harmonie les prétentions diverses, d'adoucir les rivalités, de rapprocher les esprits, de recommander l'union de tous ceux qui veulent sincèrement la liberté.

» Nous ne nous dissimulons ni la faiblesse de nos moyens d'action, ni la force d'une autorité qui a tout concentré dans ses mains. Mais loin de nous décourager, cette comparaison nous excite : nous ne songeons point dans la lutte légale, à nous, mais à la patrie, et moindre est la liberté, plus énergique doit être notre volonté pour la recouvrer.

» Dans la pensée que vous partagez nos convictions, nous faisons un appel incessant à votre dévouement, et si vous voulez bien nous aider à donner une impulsion de plus en plus vive au mouvement qui commence, quel que soit le résultat, vous aurez rempli votre devoir.

» Vos dévoués concitoyens,

» GARNIER-PAGÈS, HÉROLD, CLAMAGERAN, JULES SIMON.

» Le siége du comité est chez M. Dréo, 45, rue Saint-Roch. »

Paris, le 20 mars 1863.

« Monsieur et cher concitoyen,

» Liberté ! c'est le vœu de tous, le cri des consciences, le besoin du présent, l'espoir de l'avenir.

» Liberté ! on trouve ce mot inscrit sur tous les programmes, sur toutes les professions de foi, sur toutes les bannières. Il retentit partout, dans les villes, dans les campagnes ; les uns l'acclament comme la vérité, les autres s'en couvrent comme d'un voile ; c'est de la part de tous un éclatant hommage à notre immortelle révolution.

» Si du scrutin électoral, au lieu de noms d'hommes, devait sortir un principe, un vote presque unanime proclamerait la liberté.

» En ce moment solennel, où le peuple est appelé à faire acte de souveraineté, l'expression suprême de sa volonté, hautement et incontestablement manifestée, c'est la liberté !

» La liberté est donc le but posé : pour y parvenir, l'union nous est prescrite comme un devoir. Laissons les polémiques fâcheuses ! Ecartons les divisions funestes ! Elevons la lutte électorale en tolérant nos dissidents, en respectant nos adversaires. Prouvons, par notre dignité dans l'action, que nous sommes toujours la nation généreuse et puissante, dont l'initiative vigoureuse a donné l'impulsion au mouvement qui entraîne le monde.

» Serrons donc nos rangs ! Marchons dans la voie ouverte à l'humanité, la main dans la main, le front haut, certains de notre droit, fiers de notre force. Notre cause est sainte. Le dieu de la justice est avec nous. Marchons ! L'inaction, c'est le suicide ; l'action, c'est la liberté.

> » Vos dévoués concitoyens : Carnot, Ed.
> Charton, J.-J. Clamagéran, A. Corbon,
> A. Dréo, E. Durier, Garnier-Pagès,
> J. Ferry, Ch. Floquet, Ch. Hérisson,
> F. Hérold, Marie, Henri Martin, Jules
> Simon. »

Il est impossible de mieux dessiner sa voie, de préciser plus nettement le but qu'on veut atteindre et de rencontrer des actes plus conformes aux paroles.

En effet, le comité est en permanence, il engage une lourde correspondance, il touche à toutes les questions politiques. Des dépenses sont nécessaires, il a ses contribuables. On le voit même envoyer ses percepteurs chez ceux qui se montrent plus zélés à promettre qu'à réaliser leurs souscriptions.

N'ai-je pas le droit de dire que le comité consultatif électoral avait reçu une complète organisation ?

Vous ne voulez pas que j'insiste sur ce premier élément du délit, et je me hâte de rechercher si le comité a eu une existence durable.

Et d'abord, n'équivoquons pas sur les mots. Que faut-il entendre par permanence ? Est-ce la pérennité ? Personne évidemment ne le soutiendra. La permanence, dans la question que nous agitons, doit être entendue dans le sens d'une durée proportionnelle au but à atteindre : dans l'espèce, à la formation du Corps législatif.

Cela convenu, il est facile de déterminer le temps pendant lequel le comité consultatif a existé. Vous le savez, il est né le 8 mai 1863 ; vous le savez encore, il a cessé de vivre le 21 mars de l'année suivante. Il a eu ainsi manifestement la durée que comportait le renouvellement complet du Corps législatif.

Mais j'entends une objection : elle est dans la bouche de tous les appelants.

Vous confondez, nous dit-on, des choses qu doivent être distinguées. Vous ne voyez qu'un comité ; il y en a eu autant que d'élections. Le premier s'est dissous le 12 juin 1863. M. Garnier-Pagès a fait connaître par les journaux cette dissolution.

Est-il bien vrai que le comité ait pris fin au 12 juin ? Est-il bien vrai que la lettre insérée dans *le Siècle* et les autres journaux de l'opposition ne soit pas une ruse destinée à donner le change à l'opinion publique ?

Est-il possible de concilier les affirmations des appelants avec certains documents saisis ?

Le 10 juin 1863, M. Carnot écrit à M. Bory :
« Les triomphes obtenus dans les plus grandes villes de France sont de nature à nous consoler de bien des tiraillemens que nous saurons éviter nne autre fois. Ils sont un éclatant témoignage de la véritable opinion publique et des aspirations du pays à la liberté. *Il importe que les hommes qui ont dirigé ce mouvement demeurent en communication les uns avec les autres, s'ils veulent que la*

leçon donnée au pouvoir ne reste pas sans fruits pour l'avenir. »

Le 18 juin, Carnot écrit à Garnier-Pagès :

« Le Corps législatif ne sera convoqué qu'en décembre. On espère qu'alors les souvenirs seront moins présents et les irritations plus calmées. Il faut donc profiter de ce délai pour former un dossier accusateur d'autant plus complet. *Nos jeunes amis, qui se sont montrés si dévoués, ne voudront pas laisser l'œuvre inachevée.* »

Le 30 octobre suivant, Mr Dréo écrit à M. Guérin, à Fougères :

« Nous sommes ici en plein coup de feu électoral, non pas qu'il s'agisse encore de voter : il n'est tout simplement question que de déterminer Jules Favre à opter pour Lyon, et de lui faire désigner un remplaçant. Or, il y a presse, et chacun veut être candidat. »

Quelques jours avant, M. Charton avait écrit à M. Hérold :

« Voici une toute petite protestation de peu de valeur ; mais je suppose qu'il y a toujours avantage à grossir le dossier. »

Ne sont-ce pas là autant de motifs de croire à la vie persistante de l'association ?

Mais un fait considérable dissipe, suivant moi, les doutes qu'on a voulu répandre. La Cour le sait, le 21 novembre 1863, par suite de l'annulation de l'élection de M. Pelletan, les électeurs de Paris sont convoqués. M. Garnier-Pagès écrit la lettre suivante à M. Hérold, à la date du 22 novembre :

« Mon cher Hérold,

« L'élection de Pelletan sera plus difficile qu'on ne le pense : nous aurons besoin d'y déployer toute notre activité et tout notre dévouement. Pelletan a rapporté hier son dossier, et nous y avons puisé les bases d'un premier travail : venez le compléter.

« Le bureau est convoqué pour midi, afin de préciser ce qui sera dit à la séance du soir.

« Si vous venez plus tôt, ce sera pour le mieux.

« *La permanence est établie.* »

Le lendemain, insertion dans les journaux d'un avis aux électeurs, et enfin envoi d'un grand nombre de circulaires avec colonnes en blanc afin que chacun puisse donner les indications utiles.

Si l'ancienne réunion a été dissoute, il faut, avant

toute convocation, procéder à la formation d'une nouvelle; et cependant ce sont les mêmes membres qui répondent à l'appel.

On a dit, il est vrai, et c'est, je crois, M. Durier, que le comité nouveau était autrement composé. Voici une réponse péremptoire.

Le Siècle, dans son n° du 24, et les autres journaux de l'opposition contenaient la note suivante :

« La réélection de l'honorable M. Pelletan né-
» cessitée par une erreur de l'administration ap-
» paraît comme une continuation du premier
» scrutin. Nous venons en conséquence vous prier
» de prévenir MM. les électeurs, etc. »

Au bas sont les signatures de MM. Carnot — Hérisson — Clamageran — Garnier-Pagès — Corbon — Dréo — Durier — Floquet — Hérold — H. Martin — Ferry et Charton.

Il est donc largement permis de douter que le comité consultatif ait pris fin au mois de juin. Sans doute il a délibéré en moins grand nombre; si l'on veut, il a institué une sorte de commission de permanence, comme une chambre de vacations : mais même dans la période de repos, il donne des signes évidents d'existence durable.

Le voulez-vous ? La dissolution du 12 juin est

sincère. Quel profit en tirerez-vous contre la prévention ?

S'il est démontré qu'à l'époque des élections générales et pendant toute leur durée, le comité de Paris a agi de concert avec le comité de Marseille et celui de Lyon ; s'il est démontré que depuis le 21 novembre jusqu'à la fin du mois de mars, il a incessamment agi aux scrutins de Paris, d'Epinal, de Schelestadt et le jour de l'élection de MM. Carnot et Garnier-Pagès, chose qui jusqu'à ce moment n'a pas été déniée, il en résultera que le délit a été commis deux fois, que deux fois l'association s'est écartée de la loi, et sur ce point, quelque concession que je fasse à mes adversaires, la vérité n'aura pas à souffrir.

L'association que nous poursuivons a donc eu la durée qui, aux yeux de tous, en est le caractère essentiel.

Il n'y a évidemment pas à démontrer que les appelants ont uni leurs efforts, qu'ils se sont proposé un but identique : faire échec aux candidatures sympathiques au gouvernement. Et je puis dire à mes adversaires : les conditions auxquelles vous subordonnez l'existence du délit poursuivi sont pleinement réalisées.

On insiste : Association si vous le voulez, mais nous vous mettons au défi de prouver qu'elle atteigne le nombre qui, signalant au législateur le danger, a appelé en même temps ses sévérités.

Je ne crois pas, Messieurs, qu'il y ait dans ce vaste procès un point sur lequel la prévention puisse donner de plus satisfaisantes réponses.

Dans les circulaires des 8 et 20 mai, on désigne les membres du comité, ils sont au nombre de 15. Il semble que pour ceux-ci au moins nulle preuve n'est à faire.

Cependant M. Crémieux, dans une très-vive plaidoirie, a nié toute participation aux efforts de ses amis et nous a demandé où, pour le prononcer, le tribunal avait trouvé son nom.

La réponse est facile.

Vous nous demandez qui vous a nommé : c'est votre ami, M. Garnier-Pagès. Répondant aux interpellations de M. le juge d'instruction, il vous a nettement désigné comme faisant partie de l'association.

Ainsi la Cour pèsera dans sa balance la dénégnation de M. Crémieux et l'affirmation de M. Garnier-Pagès. Je répugne à prendre parti dans ce conflit, M. Crémieux ayant eu l'obligeance de s'occuper de moi en 1848.

Faut-il comprendre M. Tenaille-Saligny dans la liste de l'association ?

Pour moi, je ne saurais hésiter à le faire.

On a dit en première instance, et je regrette que la parole grave de M. Dufaure ait reproduit un si misérable argument : vous prouvez singuliè- rement la participation de M. Tenaille-Saligny. Vous produisez une lettre émanée de lui, dans laquelle il se plaint de n'avoir pas figuré parmi les membres du comité, et vous inférez qu'il en faisait partie, précisément parce qu'il se lamentait de n'en pas être !

C'est là un reproche puéril, peu digne d'une discussion sérieuse.

Vous connaissez la lettre de M. Tenaille-Saligny lors de la formation du comité. Voici, au mois de novembre 1863, de nombreuses circulaires au bas desquelles est sa signature.

Nous en concluons qu'il s'est plaint, qu'il est rentré en grâce, et notre logique vaut, ce me sem- ble, au moins celle des appelants.

M. Jozon admet que, sans en avoir le titre, il a rempli les fonctions de secrétaire.

M. Coulon ne nie pas un concours de tous les instants.

M. Pelletan seul veut être rayé de la liste. Ne parlons plus de M. Pelletan.

Faut-il comprendre dans les membres de l'association les comités divers qui en province sont liés à elle par une entente commune ? Cela est-il conforme à la loi ? cela est-il conforme à la vérité ?

La loi ? elle atteint les comités fractionnés.

La vérité de l'entente commune résulte des documents que je vais vous rappeler.

Lors des élections générales, et le 11 mai, trois jours après la constitution du comité de Paris, M. Varambon, secrétaire du comité démocratique de Lyon, écrit à M. Hérold la lettre suivante :

« Je suis dès à présent à la disposition du comité de Paris pour toutes les communications qu'il voudra bien nous adresser. »

A quelques jours de là, M. Morin, candidat à Lyon, demande également l'appui du comité.

« Mon cher Hérold, écrit M. Morin, il faut que les électeurs se sentent soutenus; voilà pourquoi

je mets : que ferait le bureau de Paris ? C'est
moins une consultation que je vous prie de nous
donner qu'un concours d'influence, un appui pour
des gens qu'on cherche à effrayer ; il faut donc
une réponse prompte, pas nécessaire qu'elle entre
dans des détails et quelle soit longue, *un bon :
nous sommes avec vous, n'ayez pas peur.* »

A Marseille, on a saisi les circulaires des 8 et
20 mai. M. Bory a accepté le concours qui lui
était offert.

Il y a là des lettres utiles à connaitre.

Le 17 mai, Bory écrivait de Marseille : « Au
comité consultatif pour les élections.

» Messieurs et chers concitoyens,

» Le comité de l'opposition démocratique à
Marseille a offert à M. Eugène Pelletan, par le
courrier d'aujourd'hui, la candidature de la 2
circonscription électorale des Bouches-du-Rhône
(arrondissement d'Aix et 4e canton de Marseille).

. . . .

» Comme le temps presse, nous croyons devoir faire appel à votre obligeance et à votre pa-
triotisme et vous prier de nous aider de votre
légitime influence pour décider M. Pelletan à ac-
cepter la candidature qui lui est offerte..,. »

Il signe : « Pour le comité de Marseille, » et écrit en *post-scriptum :*

« *P. S.* Le comité me charge d'insister auprès de vous pour que vous lui fassiez connaître, par la voie télégraphique, l'acceptation ou le refus de M. Eugène Pelletan, en attendant la réponse écrite.

Arles et Tarascon vous ont-ils demandé de leur désigner un candidat de l'opposition ? »

A cette lettre qui a été envoyée, quoi qu'en dise Bory, Garnier-Pagès répond d'abord par la voie télégraphique.

« En présence d'absence de candidat pour Arles, Dréo, mon gendre, nous envoie par lettre son serment (22 mai 1863). »

Il répond le même jour par une lettre dans laquelle on lit :

22 mai 1863.

« Nous avons reçu *vos lettres et vos dépêches.* Pelletan a envoyé son serment légal et vous a écrit. Sur votre dernière dépêche, nous avons télégraphié à nos amis d'Arles qui nous menaçaient de s'abstenir, qu'en prévision d'absence de tout candidat d'opposition, mon gendre Dréo vous enverrait son serment légal. Nos amis d'Arles en useront si bon leur semble. Nous vous envoyons donc ledit serment. Nous vous en prévenons par télégraphe, etc.

» Pleins de respect pour vos délibérations, nous nous sommes abstenus de tout avis ; nous n'exprimons qu'un désir, c'est que vous puissiez réussir à faire échouer les candidals du gouvernement.

» Nous faisons des vœux ardents pour le succès. »

Lors du scrutin du mois de décembre à Paris, le comité fait à tous ses contribuables un appel qui est entendu.

Plus tard, à Épinal, il se prononce pour une candidature que repousse l'opinion ultra-démocratique ; il est vivement éconduit. Je cite cette dépêche, parce qu'elle est utile à connaître et répond à une prétention souvent renouvelée ; les appelants vous l'ont dit en effet, ils n'ont jamais proposé de candidature.

Épinal, le 10 janvier 1864.

« *A MM. les membres du comité libéral à Paris.*

» Messieurs, la circulaire que vous avez adressée à plusieurs électeurs de la première circonscription des Vosges, appelée à voter les 17 et 18 janvier courant, a été lue hier au comité libéral séant à Épinal.

» La décision prise par le comité de Paris d'appuyer la candidature de M. Buffet et de la faire patronner par ses quatre journaux, nous a surpris au même degré.

» C'est à vous, Messieurs les électeurs, qu'il appartient de prononcer, disiez-vous dans votre circulaire, et cependant, non-seulement sans notre avis, mais malgré nous, malgré la répulsion trop légitime que nous inspire M. Buffet et que nos amis MM. Joux et Hingray vous ont suffisamment fait connaître, vous passez outre et vous décidez de votre autorité privée, que ce candidat sera le nôtre; vous ne craignez pas d'induire en erreur le public en le représentant dans vos journaux comme le candidat du parti libéral. Ce n'est pas là de la décentralisation que nous sachions, c'est de la belle et bonne dictature.

» Nous ne reconnaissons et nous ne reconnaîtrons jamais à aucun comité de Paris, s'appelât-il libéral et même démocratique, le droit de se mettre au lieu et place des électeurs, de leur dicter son choix. Leur accorder ou leur refuser son concours, son droit ne va pas au delà. Comme nous, vous n'avez mandat que de vous-mêmes et des circonstances. C'est aux électeurs vosgiens, et non à d'autres, qu'il appartient de faire une élection vosgienne et nous serions les mal venus, croyons-nous, si lors des élections qui vont avoir lieu à Paris, nous prétendions vous imposer nos préférences.

» Voilà pour la question de droit, de convenance si vous l'aimez mieux.... »

Devant cette réponse malencontreuse, le comité ne s'arrête pas : il s'adresse à M. Georges, avocat à Épinal, lui envoie une circulaire qui est répandue à profusion ; l'élection a lieu, et M. Georges remercie le comité de son concours en ces termes :

« Votre lettre et les deux circulaires du comité ont beaucoup aidé à ce mouvement ; j'en avais, suivant votre intention, donné largement communication et copie, etc., etc.

» En agissant, en parlant ainsi, nous étions d'autant plus certains de servir la cause de la liberté que nous nous trouvions en communauté d'opinions avec vous. Votre appui donnait crédit à nos paroles, et c'était pour nous un puissant encouragement que de pouvoir invoquer l'autorité des noms les plus respectés de la démocratie française. »

A Schelestadt les choses se passent de même. M. Melsheim, au nom d'un certain nombre d'électeurs libéraux, s'adresse à l'un des membres du comité de Paris, et tout en protestant de son désir de demeurer dans la légalité, il réclame secours et conseils. Là encore il s'agit de combattre le candidat du gouvernement. Le comité hésite, fait d'abord une réponse évasive, puis entre ouvertement dans la lice, et prête un concours si utile au comité de Schelestadt, que M. Melsheim, son président, croit devoir le remercier en ces termes :

« *Au nom du comité de Schelestadt,* je vous annonce que nous avons reçu la lettre que vous avez bien voulu nous adresser; *nous en ferons l'usage modéré que vous indiquez,* etc. »

Mais on nous arrête. Que les comités aient correspondu entre eux, qu'ils aient échangé des renseigements politiques, quoi de plus naturel? et où voyez-vous la preuve d'une association ?

Sans doute de simples dépêches ne sauraient prouver l'association, et la prévention ne doit pas se borner à déposer entre vos mains des documents qui auraient seulement ce caractère.

Mais les comités ont agi autrement : celui de Lyon a pris les ordres de Paris : celui de Schelestadt en a réclamé l'intervention et le concours : à Epinal, il est entré en pleine lutte.

Nous arrivons aux élections du 20 mars 1864. A ce moment, le comité créé sous l'inspiration de MM. Carnot et Garnier-Pagès, va-t-il agir pour faire sortir de l'urne les noms dans lesquels il a plus de confiance, et pour lesquels sa confiance va jusqu'à l'affection et l'estime ? Cela n'est mis en doute par personne : le 20 mars, avec une ardeur surexcitée par le succès déjà obtenu, il se met en campagne, il se bat pour ceux qu'il appelle ses chefs, ses capitaines, et les fait réussir.

Ce n'est pas tout. Le comité avait son budget.

Peut-on, en droit, considérer comme associés ceux dont la participation s'est révélée par des secours pécuniaires ? Quant à moi, je n'éprouve nulle hésitation sur ce point.

Il n'est pas d'association qui puisse se former sans ce triple élément : intelligence, activité, argent. Comment se ferait-il qu'on écartat l'association par l'argent, c'est-à-dire la plus nécessaire de toutes, celle sans laquelle l'association par l'intelligence et par l'activité n'arriveraient qu'à des résultats complétement négatifs ?

On pourrait ainsi soutenir que tout secours d'argent a pour conséquence de rattacher le contribuable au comité.

Je ne veux pas aller jusque-là. J'admettrai volontiers, si on veut, qu'une cotisation unique ne prouve pas l'affiliation ; qu'arrachée accidentellement par l'importunité ou par la sympathie, il serait rigoureux de lui donner une portée qu'elle n'aurait pas dans l'intention de celui auquel on la reproche, et je ne viens pas soutenir que si un homme généreux jette dans la sébile politique d'un de ses amis une somme quelconque, il commet un délit ; mais si ces cotisations se renouvellent, si elles affectent un caractère de périodicité, si on les rencontre toutes les fois qu'il en est besoin faut-il donc détacher de l'affiliation ces associés si utiles ?

Or les associés de ce genre auxquels on a donné le nom de *cotisants*, qui, à plusieurs reprises, ont payé tribut au comité, sont très-nombreux : je ne dirai leur nom que si on m'y contraint ; je me borne en ce moment à en déposer la liste sur le bureau de la Cour.

L'objection arithmétique sur laquelle nos adversaires paraissaient tant compter, est déjà bien loin de leur être secourable. Ce n'est pourtant pas encore tout.

La charité politique est quelquefois paresseuse, et à plusieurs reprises il y a eu lieu de stimuler le zèle des souscripteurs du comité, et de recourir à l'intervention des plus empressés. Voici les noms de ceux qu'on a appelés dans ce débat les *percepteurs,* et il me semble impossible de ne pas inscrire ces frères quêteurs de la démocratie avancée sur les tables de l'association.

On fait une dernière objection.

Vous avez reconnu vous-même, nous dit-on, que l'association impliquait un lien entre les associés : où est le lien qui rattache les souscripteurs entre eux ?

Sans doute il faut un lien, mais de l'associé à l'association. Cela a pu faire question, j'en conviens, et on a soutenu que la participation de tous devait être d'une nature identique; aujourd'hui, sur ce point, la doctrine de la Cour de cassation est certaine. Appelée en 1846 à juger une affaire qui a quelque analogie avec la nôtre, elle a rendu un arrêt dont voici la disposition principale :

« Ce qui constitue essentiellement le fait d'association entre plusieurs individus, dit l'arrêt, c'est la communauté du but qu'ils se proposent d'atteindre et auquel ils s'engagent à coopérer par des moyens convenus et qui peuvent être identiques ou différents. La délibération en commun de tous les membres de l'association et leur participation égale à la direction ne sont pas des conditions nécessaires du fait d'association ; elles sont même incompatibles avec l'idée de la division en sections qui est prévue par la loi de 1834 ; l'engagement de plusieurs individus de donner une coopération quelconque, mais fixée d'avance, à l'accomplissement d'une œuvre déterminée, même quand la direction de cette œuvre serait confiée à d'autres individus, suffit pour constituer le fait d'association prévu et puni par la loi. »

Je résume cette partie de la discussion.

Aux comités de Paris se rattachaient des comités de province. Celui de Marseille comptait vingt membres, selon Bory ; celui de Schelestadt quinze, si on en croit Melsheim ; les souscripteurs et collecteurs de souscriptions appartiennent à l'association, et l'arme que semblait offrir à nos adversaires la question de nombre, est tombée de leurs mains.

Seront-ils plus heureux quand ils invoquent je ne sais quelles immunités écrites suivant eux dans la loi de 1834?

Ce n'est pas sans quelque surprise que j'ai entendu cette partie de leur argumentation, et ici le combat n'est pas sérieux.

Tout le monde le reconnaît, le principe général de réglementation est dans l'art. 291 du Code pénal. Mais le législatenr de 1810, en exigeant la réunion simultanée de plus de vingt personnes et à des jours marqués, avait laissé ouverte une porte par laquelle les partis ont violemment pénétré dans la loi.

Plus prudent, celui de 1834 a réprimé cette fraude. Pour être punie l'association doit toujours se composer de plus de vingt personnes. Mais il n'est pas nécessaire qu'elles se réunissent ensemble et à jours marqués ; prises collectivement ou par groupes, le délit demeure le même.

On en conviendra, la loi de 1834 a accru les sévérités du Code pénal.

Permettez-moi, en me reportant à la discussion

soit de la loi de 1810, soit de celle de 1834, de vous montrer à quel degré cette dernière est énergiquement répressive.

Lors de la discussion du conseil d'État en 1809, le prince archichancelier demandait qu'on retranchât de l'art. 291 les réunions *littéraires*. Les atteindre était, suivant lui, dépasser la mesure d'une rigueur nécessaire.

La proposition de Cambacérès fut, à ce qu'il paraît, adoptée, mais, par je ne sais quelle fortune, la rédaction primitive subsista.

La discussion se renouvelle à la Chambre des députés en 1834. On rappelle les souvenirs que M. Hébert retraçait tout à l'heure. On insiste pour que l'inadvertance de 1810 soit réparée. M. Guizot est à la tribune et demande avec énergie qu'aucun amendement ne vienne affaiblir la loi en discussion, et les associations littéraires sont comprises dans la même proscription que les associations politiques. Voilà la loi à laquelle la défense se rattache. Elle rend plus facile la poursuite, en introduisant des modifications dans la question du nombre, et elle accroît les pénalités.

J'ai maintenant quelque peine à comprendre comment une loi plus rigoureuse vient donner aux appelants un secours qu'ils reconnaissent ne pouvoir demander au Code de 1810.

Allons cependant au fond de leur pensée.

La Cour le sait, lors de la discussion de la loi de 1834, la commission de la Chambre des députés avait présenté un amendement aux termes duquel les réunions électorales étaient permises, à condition de n'être pas affiliées à des réunions de la même nature. De cet amendement personne ne voulut, ni l'opposition, ni le gouvernement, ni la majorité ; MM. Martin du Nord, Odilon Barrot et Barthe l'ont déclaré dans les termes précis que j'ai cités plus haut.

La conséquence se déduit naturellement : l'amendement fut repoussé par ce motif unique, présent à la pensée de tous, que la loi discutée s'appliquait seulement aux associations et non pas aux réunions ; et cependant nos adversaires n'hésitent pas à dire qu'elle a légitimé les associations électorales, au risque d'être en contradiction formelle avec les orateurs dont les opinions leur sont le plus sympathiques.

Qu'ils relisent la discussion.

M. Portalis s'exprimait ainsi :

« Le gouvernement pourra fermer la société

des droits de l'homme ; *il détruira la société
Aide-toi ; il pourra dissoudre toute société qui s'oc-
cupera d'élection.* »

Puis M. Garnier-Pagès :

« Vous avez voulu atteindre des sociétés dont
l'existence vous était connue, dont beaucoup
d'entre vous ont fait partie ; une entre autres
dont le journal des *Débats* disait en septem-
bre 1830 : *C'est à la tribune de la société Aide-
toi qu'ont été pris les conseillers du prince :*

. . . .

Si vous tuez la société Aide-toi, *il faut qu'avant
sa dissolution, etc., etc.*

En deux mots, et pour en finir, êtes-vous une
réunion politique ? Si oui, sous l'empire de la loi
de 1834, et avant que la loi républicaine du
19 juin 1849 les eût prohibées, vous ne pouviez
être l'objet d'aucune poursuite.

Êtes-vous, comme nous le soutenons, une *association* électorale ? Lisez l'art. 1er de la loi dont
vous faites la pierre angulaire de votre défense.

Nous sommes en face d'une association électorale, c'est-à-dire politique, de plus de vingt
personnes, et qui demande vainement un appui
à une législation énergique à la proscrire.

La prévention est donc complétement justifiée.

Il faut arriver au dernier reproche que nous adressent nos adversaires. Si le délit existe, il fallait en poursuivre tous les auteurs : nous avons fait parmi eux un choix capricieux, et introduit ainsi une action que la Cour écartera.

M. Crémieux a insisté avec vivacité sur ce point.

Je ne comprends pas ce dernier reproche des appelants. Est-il bien habile, est-il bien généreux ? Ne pouvais-je pas poursuivre tous les affiliés? Ne le puis-je pas encore? Ne dépend-il pas de moi, en priant la Cour d'ajourner la solution de ce débat, d'amener à sa barre, en rangs plus serrés, les membres du comité consultatif?

Peuvent-ils me reprocher d'avoir restreint la poursuite, et d'avoir assigné seulement ceux à qui des déclarations identiques faisaient une identique situation? J'aurais voulu encore en diminuer le nombre. Je me préoccupe peu d'une large pénalité : ce à quoi je tiens, c'est à la solution d'un point de droit que j'aurais pu légalement débattre avec MM. Carnot et Garnier-Pagès seuls.

Vous m'avez demandé les raisons de ma conduite. Je ne vous les devais pas. Toutefois, je

n'ai vu aucun inconvénient à vous les faire connaître.

Un mot sur le droit. La loi punit l'association
de plus de vingt personnes ; si je défère à la justice une association illicite, je dois prouver que le
délit existe avec ses conditions juridiques. Mais où
et dans quel texte avez-vous trouvé que, cette
preuve faite, je sois tenu de poursuivre tous les
membres de l'association ?

Mais, en vérité, on dirait que j'ai fait une chose
insolite; que j'ai ouvert une voie dans laquelle
nul avant moi n'avait marché.

Vous le savez, Messieurs, il n'en est pas ainsi.

En 1845, une œuvre se forma, dite *de Saint-
Louis ;* elle était composée de plus de vingt personnes ; mais la direction était confiée seulemen
à MM. d'Escars, de Robecque, etc. Le gouvernement voulut la dissoudre.

Les fonctions que je remplis en ce moment
étaient confiées à un magistrat qui a laissé parmi
nous un incontestable renom d'intelligence et de
fermeté. M. Hébert prescrivit et dirigea la poursuite. L'exerça-t-il contre tous les membres ou
au moins contre plus de vingt membres de l'association ? Non, MM. le duc d'Escars, le chevalier

de l'Espinais, le prince de Robecque, Charbonnier de la Guesnerie, parurent seuls à votre barre. On plaida comme aujourd'hui qu'il y avait là une irrégularité de nature à vicier la poursuite. Vous répondîtes, et la Cour de cassation s'associa à votre doctrine. N'y a·t-il pas là un précédent considérable? M. Hébert est-il bien venu à nous critiquer, et le procureur général de 1845 ne couvre-t-il pas le procureur général de 1864?

Je crois, Messieurs, avoir prouvé de la manière la plus complète la légalité de la poursuite : à mon sens et au point de vue du droit, le procès est jugé.

Je n'aurais rien à ajouter, si on n'avait jeté dans ce débat des considérations générales qui n'y ont pas une heureuse place et sur lesquelles cependant je dois m'expliquer.

Cette poursuite, vous le savez, est, aux yeux de nos adversaires, excessive, et on chercherait vainement un précédent qui la justifie. Le gouvernement de la Restauration a vécu à côté d'une société considérable et hostile ; il n'a pas cru pouvoir la dissoudre. La monarchie de Juillet a succombé dans une crise provoquée par le droit de réunion, dont, à sa dernière heure, elle ne

contestait pas la légalité. Le gouvernement de
1848 a poussé la longanimité si loin, que de nombreux comités, correspondant entre eux, ont pu,
sans entraves, préparer l'avénement du Prince.
Enfin, l'action que nous avons dirigée a ce tort,
plus grave encore, d'atteindre au cœur le suffrage
universel.

Toutes ces considérations sont-elles bien vraies ?

Vous connaissez, Messieurs, le caractère de la
société *Aide-toi, le ciel t'aidera*. Elle était destinée
à agir sur les élections, et M. Guizot en s'hono-
rant de l'avoir présidée en 1827, a déclaré que
c'était à elle qu'était due la chambre des 221.
M. Dufaure nous disait tout à l'heure qu'à la
même époque, il était dans les rangs, à Bordeaux, d'une nombreuse association de la même
nature.

La société *Aide-toi, le ciel t'aidera*, celle plus
nombreuse de Bordeaux, ont pris comme par la
main la vieille monarchie et l'ont conduite à Cher-
bourg.

Trouvez-vous l'exemple bien concluant ?

Le roi Louis-Philippe a fait rendre contre les
associations une loi rigoureuse, mais elle laissait
en dehors les réunions publiques, et la catastro-

phe dans laquelle il a péri est due à l'exercice même de ce droit qu'il avait respecté. Je demande à mes contradicteurs de me dire s'il est bien logique de conclure des périls au milieu desquels a sombré la monarchie de Juillet, périls dus à l'exercice du droit de réunion, à la nécessité d'affranchir les associations de toute réglementation légale.

Nous arrivons enfin aux jours de 1848. M. Jules Favre en première instance, et M. Dufaure, dans la plaidoirie que la Cour vient d'entendre, se sont livrés à d'amères récriminations. C'est aux comités que vous avez organisés; nous dit-on, c'est à leur propagande active, c'est à leurs vastes ramifications qu'est due l'élection du Prince, vous voulez nous arracher les armes dont vous vous êtes si utilement servis.

Cette discussion, Messieurs, présentait des difficultés nombreuses; mais il y en avait une à laquelle je ne m'attendais pas. Je dois apprendre la Constitution de 1848 à ceux-là même qui l'ont faite. Promulguée le 4 novembre, elle reconnaissait à tout Français, dans son art. 8, le droit de s'associer et de se réunir. L'action qui a préparé le scrutin du 10 décembre a donc été aussi conforme à la loi qu'aux grands intérêts du pays.

Un mot encore et j'ai fini. On nous reproche d'anéantir le suffrage universel ou de ne lui donner qu'une vitalité illusoire.

En quoi? La loi ne vous laisse-t-elle pas encore une latitude assez grande? Êtes-vous bien sincères quand vous nous dites qu'on ne pourra pas se visiter, correspondre, savoir la vérité sur les candidatures et les personnes? Qui vous empêche de vous réunir, de vous associer même, en respectant la limite que le législateur a sagement mise à l'exercice de droits qui touchent si intimement à la sécurité publique? Est-il d'ailleurs si nécessaire que vous fassiez l'éducation du suffrage universel? Les masses, croyez-le bien, n'ouvrent pas une oreille facile à la métaphysique des partis. Les petites insinuations, les petits dénigrements, les récits à double entente, les calomnies envenimées, n'ont pas de prise sur elles. Le peuple veut pour se déterminer de grandes raisons et de grands résultats. Le peuple voit la France glorieuse au dehors, prospère au dedans; il se trouve suffisamment éclairé.

RÉPLIQUE.

Messieurs,

La discussion que j'ai eu l'honneur de soumettre hier à la Cour, est pleine de subtilité et d'une bonne foi douteuse. Je m'efforce de détourner l'art. 291 du Code pénal de son sens naturel, et je veux l'appliquer à des faits complétement étrangers à la pensée du législateur. J'enseigne des doctrines corruptrices du suffrage universel, condamnées par un des publicistes les plus éminents de la première moitié de ce siècle. Je veux violemment ramener le pays à cinquante années en arrière : la libre Angleterre assiste, sans le comprendre, à ce débat, dont j'ai compromis l'issue par des concessions imprudentes.

C'est M. Berryer qui vous a dit ces choses.

Dans la bouche de M. Dufaure, il y a eu du moins une discussion sérieuse.

A l'entendre, je me suis mépris.

J'ai confondu une réunion privée avec une association ;

J'ai mal prouvé que le comité eût une organisation régulière et une longévité égale à celle de la période électorale complète;

J'ai voulu à tort appliquer la loi de 1834 à des groupes séparés par de grandes distances et considérer comme affiliés ceux qui ont ouvert leur bourse au comité consultatif.

Mes Desmarest et Picard ont reproduit la discussion au point de vue de certaines nécessités de la poursuite : elle n'est utilement intentée, suivant eux, que si elle amène à votre barre plus de vingt prévenus. Ils ont apporté dans ce débat une légèreté d'esprit qui assurément n'y avait que faire. Voilà ma seule réponse à ces Messieurs.

Me Picard a cependant ajouté un reproche qui a un grand mérite d'originalité : nous attaquerions des absents. En vérité, quand je vois la barre si fournie de défenseurs venus de côtés si opposés, je me demande, quelle que fût la hardiesse de ma parole, si elle pourrait atteindre une personne ou une opinion qui n'eût pas ici un chaleureux représentant.

M$^•$ Hébert a cru dire le dernier mot de ce procès.

et insisté sur son argumentation. Suivant lui, la loi de 1834 ne s'applique ni aux comités électoraux ni aux assemblées préparatoires électorales : le législateur ne s'en est pas occupé : ils sont demeurés par là même en dehors de ses prohibitions. Il a signalé en terminant les difficultés qui seraient la conséquence d'une autorisation administrative nécessaire.

M. Hérold, avec lequel j'ai vécu ailleurs bien des années, dans la communauté d'une vie laborieuse, équivoque sur les termes de la lettre de M. Varambon et prétend qne cette preuve unique ne saurait établir l'affiliation du comité lyonnais.

Je reprends ces longues objections auxquelles un mot seulement suffira pour répondre.

La discussion a été subtile et d'une bonne foi douteuse. Les alliés de M. Berryer ont fait eux-mêmes justice de ce reproche. M. Dufaure avoue que j'ai donné à la prévention une consistance solide, et M. Hébert, qui a été magistrat, sait mieux que M. Berryer comment nous remplissons nos devoirs et quelle est notre loyauté.

Avons-nous, ainsi que le prétend M. Berryer, fait violence à l'art. 291 du Code pénal ?

Lors du Code de 1810, la vie électorale était

nulle ou à peu près ; le législateur n'en pouvait prévoir les écarts ; condamner les comités électoraux au nom du Code pénal, c'est commettre un singulier anachronisme.

Chacun de vous, Messieurs, a déjà répondu.

La loi s'explique par ses termes bien plus que par les circonstances contingentes dans lesquelles elle est née. Or les expressions de l'art. 291 sont générales. Le législateur de cette époque savait ce qu'était une réunion politique, puisqu'il la proscrivait, et M. Garnier-Pagès ne fait nulle difficulté de reconnaître qu'une réunion électorale est par là même politique.

Ai-je enseigné des doctrines corruptrices du suffrage universel, et quelle est la portée de mes paroles ? Je veux le suffrage universel libre, et c'est pourquoi je poursuis la création d'un comité qui, par lui et par les ramifications qu'il a voulu introduire partout, agirait, en l'amoindrissant, sur le droit de l'électeur.

Je marche dans ce débat d'étonnement en étonnement, et le moindre n'a pas été d'entendre invoquer le grand nom de Royer-Collard à l'appui de thèses excessives sur la liberté électorale.

Sans doute, une certaine animation est la con

dition nécessaire de la liberté, et la vie publique est à l'intelligence ce que la circulation du sang est à la vie du corps.

Mais, y a-t-on songé? Comment M. Royer-Collard, ce grand conservateur, a-t-il pu défendre, sans les avoir connues, les témérités du suffrage universel, et à quelle réfutation sanglante ne s'expose-t-on pas en cherchant à appliquer à des millions d'électeurs ce qu'il a dit à une époque où l'accès du scrutin n'était ouvert qu'à la condition de payer un cens très-élevé?

Je veux faire reculer le pays à cinquante années en arrière?

Si telle était ma volonté, et si j'en avais la puissance, seul ici M. Berryer ne pourrait pas m'en faire de reproches; nous serions en effet ramenés à 1815.

La libre Angleterre assiste à nos débats sans les comprendre?

Sans doute l'Angleterre est libre, — si libre qu'on peut y dire de son propre pays les choses les plus étranges.

Respectez, comme elle le respecte, le principe dynastique, et qui vous dit qu'alors vous n'aurez pas les mêmes franchises?

J'aurais compromis le résultat de cette poursuite par des concessions imprudentes ?

Faut-il donc que je sois en désaccord avec
M. Berryer même sur la valeur des mots ?

J'appelle loyauté ce qu'il appelle imprudence,
et j'ai rempli un devoir en précisant le cercle dans
lequel sous l'empire de nos lois peut se mouvoir
le suffrage universel.

J'en ai fini avec M. Berryer.

Avec M. Dufaure, au moins, on parle la langue
du droit.

Le premier reproche qu'il m'adresse, est celui-ci :

Vous faites de nous une association, nous sommes seulement une réunion privée.

Est-ce une réunion privée, que celle dont les
actes sont publiés par les journaux, dont les socié-
taires sont connus et qui tient ce singulier langage?

« Nous comptons sur le concours des journaux
de l'opposition.

» Un grand nombre de nos amis viendront nous
aider de leurs lumières.

» Les circonstances sont difficiles, l'inexpérience
dans la pratique du suffrage universel est grande,
la jurisprudence est douteuse, l'intervention de

l'autorité mal définie, les abus de pouvoir faciles. Nous venons vous offrir nos services pour vous aider à surmonter les obstacles qui pourraient entraver vos votes.

« Liberté ! on trouve ce mot inscrit sur tous les programmes, sur toutes les professions de foi, sur ttuoes les bannières. Il retentit partout, dans les villes, dans les campagnes ; les uns l'acclament comme la vérité, les autres s'en couvrent comme d'un voile ; c'est de la part de tous un éclatant hommage à notre immortelle révolution.....

« *Serrons donc nos rangs ! Marchons dans la voie ouverte à l'humanité, la main dans la main, le front haut, certains de notre droit, fiers de notre force. Notre cause est sainte. Le Dieu de la justice est avec nous. Marchons ! L'inaction c'est le suicide ; l'action c'est la liberté.* »

La prétention de M. Dufaure est-elle désormais soutenable ?

L'est-elle davantage, cette autre affirmation, que le comité n'était pas organisé ?

Comment, pas organisé ?

Il a été en permanence, il a correspondu avec l'empire entier. Il a envoyé circulaires sur circulaires. M. Jozon l'a dit, il a fait office de secrétaire. On n'a pas reculé devant d'assez grandes dépenses, pas plus que les amis politiques n'ont marchandé leurs offrandes.

Où rencontrer plus sûrement l'organisation ?

Quant à la durée, je puis le dire à mon tour à M. Dufaure, ses objections sont subalternes et secondaires. Aux faits précis que j'ai hier analysés et que je ne veux pas reproduire, il oppose les affirmations contraires de ses clients.

Si ces affirmations doivent être acceptées pour vraies par la justice, à quoi bon prolonger ce débat?

Du reste je reviens à une pensée que j'exprimais hier ; j'ai discuté les conditions de l'association en empruntant la définition même de nos adversaires, mais, je le répète, et cela domine ce débat : le Code de 1810 a défini l'association; l'article 266 est voisin de l'article 291, et dans celui-ci le mot association ne saurait avoir une autre acception que dans l'autre. Or, aux termes de l'article 266, l'association existe à la seule condition d'un concert entre les associés.

C'est là une réponse décisive, et si ce procès doit être discuté dans une autre enceinte, je n'hésite pas à croire que ce texte aura une grande autorité.

M. Dufaure a ajouté un argument que je rencontre pour la première fois dans cette discussion et dont il faut faire bonne et complète justice.

A l'entendre, la loi de 1834 ne s'applique qu'aux groupes distincts existant dans une même localité.

Où avez-vous pris cela?

Qui vous permet de distinguer là où la loi ne distingue pas ? De quelle étrange inadvertance n'accusez-vous pas le législateur? Quoi ! il punira une association illicite, si elle se réunit dans le sein de la cité, et il la respectera si des limites municipales en divisent les membres ? Quoi ! dans ce temps de rapprochements faciles et de communications rapides, le délit dépendrait de certaines et vulgaires habiletés ?

Cela n'est pas sérieux, et je vous rappelle à la généralité des termes de la loi de 1834

M. Dufaure ne veut pas considérer comme associés ceux qui ont permis au comité d'agir et de vivre, en lui ouvrant leur bourse. Je ne reproduirai pas, sur ce point, mon argumentation d'hier ; j'ai écarté, la Cour s'en souvient, ceux qui, fortuitement, ont apporté des secours d'argent au comité. Mais je persiste à penser qu'il serait peu juridique d'en détacher les contribuables périodiques.

Vous me demandez la preuve du lien qui les rattache à l'association. Ce lien, ils l'ont formé eux-mêmes, et leur cotisation régulière en est la démonstration suffisante. Dans tous les cas, il en estd'autres dontl'affiliation semble peu discutable.

Écoutez cette lettre :

« A propos ! j'oubliais de vous prier d'écrire à notre ami M. Liouville, pour réclamer la souscription... » promise par un membre du barreau.

Et celle-ci :

« En attendant, je vous envoie 100 fr. : j'espère que ce ne sera qu'un premier versement. »

Et enfin cette dernière :

« Ci-joint 100 fr. pour deuxième cotisation... »

Plusieurs des prévenus :

— C'était pour le Manuel.

Le procureur général reprenant :

— Oui, si vous le voulez, pour cette dernière lettre : mais dans les premières, c'est de l'association qu'il s'agit.

J'ai répondu déjà à MM. Desmarets et Picart;

venons à M. Hébert. A l'entendre, j'aurais laissé un grand nombre de ses arguments sans réponse, cela est parfaitement vrai; mais il me permettra de le lui dire, il les a exposés avec plus de talent que de sobriété : en somme, et pour moi, qu'y a-t-il d'utile dans sa plaidoirie?

Melsheim ne peut être considéré, ni en fait, ni en droit, comme membre de l'association. J'ai hier, sur ce point, répondu à satiété.

L'honorable défenseur me reproche d'avoir dit que le mot comité était étranger au législateur de 1834.

Que dans la discussion, le mot ait été prononcé ou non, qu'importe? La question entre nous est de savoir si, comité ou assemblée préparatoire, quelle que soit la dénomination que vous préfériez, vous n'êtes pas dens l'espèce, une association frappée par les dispositions de l'art. 291, et sur ce point non plus, je n'ai rien laissé à dire.

M. Hébert, en terminant, a longuement insisté sur les difficultés que dans la pratique rencontrerait la demande d'autorisation.

Ceci n'est pas du droit, et je pourrais le passer sous silence.

Je ne le ferai pas, et je le répète, vous pouvez

vous réunir au nombre de vingt personnes ; vous pouvez vous associer au nombre de vingt personnes ; vous pouvez vous réunir et vous associer en nombre indéfini, à condition de demander l'autorisation à M. le ministre de l'intérieur ; cette autorisation, il me permettra de me porter fort pour lui, ne sera pas refusée, toutes les fois que l'action électorale sera circonscrite dans la sphère constitutionnelle ; elle aurait été accordée même au comité de MM. Garnier-Pagès et Carnot, s'ils eussent déclaré que leur propagande, si vive qu'elle fût, laisserait intact et respecté le principe dynastique,

M. Hérold se plaint des conséquences que la prévention aurait tirées de la lettre que lui a écrite, le 11 mai, M. Varambon. Est-ce donc là une communication confidentielle, étrangère à la politique, et M. Varambon, secrétaire du comité démocratique de Lyon, ne s'est-il pas mis à la complète *disposition* du comité de Paris ?

Du reste, cette lettre n'est pas seule ; à la même époque, et pour ainsi dire le même jour, M. Frédéric Morin, dans une dépêche que vous avez présente à la mémoire, réclamait l'intervention du *bureau* de Paris.

Les susceptibilités de M. Hérold me semblent excessives.

Je ne vois plus dans ce débat un argument sé-rieux qui n'ait sa réponse. Fait ou droit, je vous en abandonne, Messieurs, la solution en toute confiance. Cependant, avant de m'asseoir, je veux vous signaler l'étrange menace, qu'avec plus d'entraînement que de réflexion, le bâtonnier a jetée dans cette enceinte. Si vous obéissez à la loi, attendez-vous, vous a-t-il dit, à l'impopularité; étrange expression dans une semblable bouche! Le bâtonnat est un grand honneur, mais aussi une grande responsabilité : quand on est bâtonnier et qu'on parle devant votre haute juridiction, il y aurait peut-être lieu de réfléchir davantage. Que nous cherchions la popularité à d'autres sources que nos adversaires, cela est évident. Nous la demandons, nous, à notre conscience, au devoir accompli et au mépris de toutes les menaces; croyez-m'en, Messieurs, c'est la bonne.

ARRÊT.

Statuant sur les appels des prévenus, sur
toutes les conclusions par eux prises, et sur les
conclusions d'intervention de Sénart et consorts :

En ce qui touche particulièrement celles prises
par le prévenu Floquet, ainsi conçues : « Dé-
clarer nulles et illégales, comme faites par un
commissaire de police délégué, les perquisitions
et saisies opérées tant au domicile de Floquet
qu'au domicile de ses coprévenus ; »

Considérant que lesdites perquisitions et saisies ont été faites par des commissaires de police
en vertu de commissions délivrées par le juge
d'instruction ; qu'il est de principe et de jurisprudence constante que les juges d'instruction
ont le droit de déléguer aux officiers de police
judiciaire l'accomplissement des actes de leurs

fonctions et particulièrement le droit de procéder aux perquisitions et saisies commandées par les nécessités de l'information ; que dans l'espèce ces opérations ont été d'ailleurs accompagnées de toutes les formalités prescrites par la loi, et qu'ainsi tous les documents qui en ont été le résultat doivent être retenus au procès ;

En ce qui touche toutes les autres conclusions :

Considérant que des pièces de l'instruction, de la correspondance saisie et des débats, il résulte la preuve qu'en mai 1863 il s'est formé à Paris, entre un certain nombre d'individus, une réunion ou comité dont le siége était établi rue Saint-Roch, n° 43, et dont le but avoué était de s'occuper en commun de la direction à donner aux élections générales alors prochaines ;

Que cette réunion, quelque nom que l'on veuille lui donner, ne devait pas l'imiter son action à une seule circonscription électorale ni même à toutes les circonscriptions du département de la Seine, mais l'étendre à la France entière, et se mettre en rapport avec toutes les autres réunions du même genre ; qu'un lien commun unissait entre eux ses premiers fondateurs, et avec eux tous ceux qui feraient acte d'adhésion à l'œuvre concertée et poursuivie dans une communauté de sentiments et d'efforts ;

Que tous ces individus étaient rapprochés non pas seulement · parce qu'ils auraient appartenu comme électeurs à une même circonscription et pour s'entendre sur le choix d'un candidat, mais par la volonté de s'unir, de se concerter et d'agir dans un but déterminé et permanent, à savoir, le mouvement à imprimer au parti démocratique, à l'occasion des élections ;

Considérant qu'une réunion ainsi constituée, et bien que dénommée Comité électoral et de consultation, présentait les caractères d'une véritable association ; qu'elle avait son siége social connu et publié, ses agents et sa caisse destinée à pourvoir aux moyens d'exécution ;

Que tous les appelants, sauf Jozon, Melsheim et Bory, reconnaissent qu'ils ont fait partie comme fondateurs de la réunion dont il s'agit ;

Que vainement Jozon prétend n'avoir pas été membre de ce comité ; qu'il résulte des documents du procès qu'il a fait fonctions de secrétaire du comité, et qu'il a coopéré sciemment à son action ;

Que les prévenus, il est vrai, prétendent :

1° Que ladite réunion avait un caractère pure-
ment consultatif ;

2° Qu'elle n'avait aucun caractère de permanence, qu'elle s'est divisée en trois réunions dis-
tinctes qui n'ont fonctionné que pendant la
période dite électorale ;

3° Et qu'elle n'a jamais été composée que de
14 ou 19 membres ;

Mais considérant, sur le premier point, que la
correspondance tout entière, et notamment les
lettres de Garnier-Pagès, de Dréo et de Carnot,
attestent de la manière la plus manifeste que l'objet principal et essentiel de l'association était non
la consultation, mais l'action, et que son but était
d'exercer la propagande la plus active et la plus
large, non-seulement à Paris, mais dans le pays
tout entier.

Que c'est à tort que les prévenus prétendent
avoir le droit d'agir ainsi ; qu'en effet, si les électeurs peuvent se réunir en se conformant à la loi
dans une ou plusieurs circonscriptions électorales,
ce que la Cour n'a pas à décider au point de vue
de la prévention, ces réunions (qu'on leur donne le
nom de comité ou toute autre dénomination), dès
qu'elles affectent les caractères d'une association

comme dans l'espèce, doivent subir la loi commune à toute association et sont soumises à l'autorisation du gouvernement;

Que le caractère électoral du comité objet de la poursuite ne saurait donc le soustraire aux dispositions du Code pénal et de la loi de 1834;

Que ces principes, loin de porter atteinte aux droits des électeurs et aux lois du pays, comme le prétendent les prévenus, en sont au contraire le maintien et l'application;

Considérant, sur le second point, que la permanence de la réunion incriminée, en présence des documents du procès, ne saurait être contestée;

Que ces documents, en effet, démontrent qu'il n'a existé qu'un seul comité permanent et non trois comités distincts et isolés entre eux, comme quelques-uns des prévenus voudraient le prétendre; qu'en outre, l'action exercée par le comité n'a pas été limitée aux périodes qui ont précédé soit les élections, soit les réélections, mais qu'elle s'est manifestée avant, pendant et après ces périodes, toutes les fois qu'il a été fait appel à l'appui de ce comité ou qu'il a jugé à propos d'agir; que d'ailleurs le lien qui unissait ses membres

dans le principe n'avait pas été rompu, et que
cette circonstance suffirait pour établir la permanence, qui est un des caractères de l'association ;

Considérant, sur le troisième point, qu'il résulte des pièces saisies que l'association avait des
adhérents, des agents ou des délégués, qui n'é-
aient pas de simples distributeurs de bulletins,
et qui, obéissant à la direction du comité, assu-
raient son action, coopéraient sciemment au but
commun, et se rattachaient ainsi incontestablement à l'association dont s'agit;

Qu'il est établi, en outre, que le comité constitué
à Paris et formant le noyau de l'association s'est
mis en rapport avec plusieurs comités formés dans
les départements, notamment avec ceux d'Epinal,
de Lyon, de Marseille et de Schelestadt; que le
prévenu Bory, comme président du comité de
Marseille, et le prévenu Melsheim, comme président du comité de Schelestadt, ont, au nom de
leur comité respectif, sollicité ou accepté le concours et l'appui du comite de Paris, et fait ainsi
acte d'adhésion à ce comité ;

Que s'il est vrai de dire que Crémieux, Pelletan, Tenaille-Saligny, Coulon, Desroisin et Enoch
n'auraient pas dû être retenus nominativement au

procès ; que même si dans l'espèce, eu égard aux circonstances qui s'y rencontrent, on peut admettre que le fait d'avoir pris part aux souscriptions provoquées par le comité ne constituerait pas à lui seul une affiliation et une participation active à l'œuvre de l'association, il n'en est pas moins constant et démontré qu'en ajoutant aux 13 prévenus les différents groupes et comités ci-dessus spécifiés, le nombre des membres de l'association incriminée dépasse de beaucoup le chiffre de 20 personnes ;

Que vainement les prévenus prétendent établir, en principe, qu'on ne peut considérer comme membres d'un comité électoral, ni ceux qui sont employés comme auxiliaires, ni ceux qui correspondent avec le comité, ni ceux qui contribuent aux dépenses d'une élection ;

Qu'il doit au contraire en être tout différemment, d'après les principes généraux du droit, à l'égard de toute personne qui, avec une volonté libre et un concours intelligent, coopère au but et à l'action d'un comité quel qu'il soit ;

Que c'est également méconnaître les principes et la jurisprudence que de prétendre, de la part des prévenus, qu'il faille, préalablement à toute

application de l'art. 291 C. pén., constater non-
seulement la présence de plus de 20 personnes
dans une association, mais encore désigner ces
personnes, les dénommer et les avoir préalablement déclarées coupables, au nombre de plus de
20, du délit d'association ;

Qu'en effet, rien de semblable n'existe et ne
pouvait exister dans la loi ; qu'en matière d'association, de rébellion et autres délits de même nature, les textes se bornent à préciser le nombre
des personnes, sans ajouter que ces personnes (ce
qui serait souvent impossible même pour les plus
coupables) devront être connues, dénommées et
préalablement déclarées coupables au nombre de
plus de 20 ;

Qu'il suffit, en effet, qu'une association illicite
de plus de 20 personnes existe et soit constatée,
comme dans l'espèce, pour que, conformément au
texte et à l'esprit de la loi ainsi qu'à la jurisprudence de la Cour de cassation, le délit existe au
respect de chacun des associés, encore bien que
plusieurs ne soient ni connus, ni dénommés, ni
poursuivis, ni préalablement déclarés coupables.

En ce qui touche spécialement les moyens in-
voqués par les appelants consistant à soutenir que

les comités électoraux ont été de tout temps exceptés des prohibitions de la loi de 1834, et que le caractère électoral de leur comité le soustrait à toute application de la loi pénale :

Considérant qu'en admettant (ce que la Cour n'a pas à décider dans l'espèce, ainsi qu'il a été déjà dit) que les comités électoraux, lorsqu'ils ne renferment pas les caractères constitutifs de l'association, ne soient prohibés par aucune disposition légale, il ne saurait y avoir rien de commun entre ces réunions accidentelles et temporaires ayant pour objet l'exercice légitime d'un droit constitutionnel, et une association de la nature de celle dont les caractères ont été ci-dessus énumérés, association que la loi de 1834 a voulu atteindre et réprimer comme constituant, à côté des pouvoirs réguliers, une sorte de pouvoir dont l'existence est une menace permanente pour la paix et la sécurité publiques ;

Que c'est là ce qui résulte de la discussion, même au Corps législatif, dans laquelle on lit :

« Se réunir, c'est vouloir s'éclairer et penser ensemble ; s'associer, c'est vouloir se concerter, se compter et agir : la différence est immense, le

pays ne peut s'y tromper, et les tribunaux ne sauraient s'y tromper non plus.

» Ces réunions ont pour cause des événements
imprévus, instantanés, temporaires; les associations ont un but déterminé et permanent, un lien
unit entre eux les associés; le plus souvent une
cotisation vient pourvoir aux moyens d'exécution; »

Considérant, en outre, que l'amendement proposé par la commission de la Chambre et retiré
comme inutile, tant on était d'accord sur les principes, était ainsi conçu :

« Les dispositions de la présente loi ne seront
pas applicables aux réunions électorales qui auraient lieu dans chaque département après l'or-
donnance de convocation du collége, à moins qu'il
n'y ait affiliation avec d'autres réunions du même
genre dans d'autres départements; »

Qu'il résulte donc manifestement de ce que
dessus qu'on ne peut trouver ni dans la discussion
de la loi de 1854, ni dans la pensée du législateur,
rien qui soit de nature à couvrir le comité objet
de la poursuite, puisque tous les caractères de ce
comité, constituant essentiellement une associa-

tion, sont inconciliables tout à la fois avec l'esprit et avec le texte de la loi ;

Considérant qu'on ne saurait non plus admettre au profit de Garnier-Pagès et de Carnot le privilége qu'ils prétendent puiser dans la qualité qu'ils ont eue de candidats au Corps législatif, pour soutenir qu'ils ne pouvaient être l'objet d'aucune poursuite à raison des faits de la prévention ;

Que cette qualité ne saurait créer pour eux une immunité en dehors de la loi ;

En considérant que, de l'ensemble des faits ci-dessus déduits, il résulte que les prévenus Garnier-Pagès, Carnot, Dréo, Hérold, Clamageran, Floquet, Ferry, Durier, Corbon, Jozon, Hérisson, Melsheim et Bory, ont, en 1863 et 1864, à Paris, fait partie d'une association de plus de vingt personnes, laquelle n'avait point été autorisée par le gouvernement; qu'ils ont ainsi encouru les pénalités édictées par les art. 291, 292 du Code pénal, 1 et 2 de la loi du 10 avril 1834, visés et transcrits au jugement;

Par les motifs ci-dessus, sans s'arrêter aux conclusions des prévenus, lesquelles sont toutes rejetées comme mal fondées,

Met les appellations au néant, ordonne que ce dont est appel sortira effet ;

En ce qui concerne la demande d'intervention de Sénart et consorts, jointe au fond par arrêt de la Cour,

Sans qu'il soit besoin de rechercher si l'intervention était recevable, considérant qu'au moyen du présent arrêt et de ses motifs, ladite intervention est désormais sans intérêt et sans objet, dit qu'il n'y a lieu à statuer ;

Condamne les appelants solidairement aux frais de leurs appels, dans lesquels n'entreront pas ceux d'intervention.

Paris. — E. DONNAUD, imprimeur de la Cour impériale et des tribunaux, rue Cassette, 9.